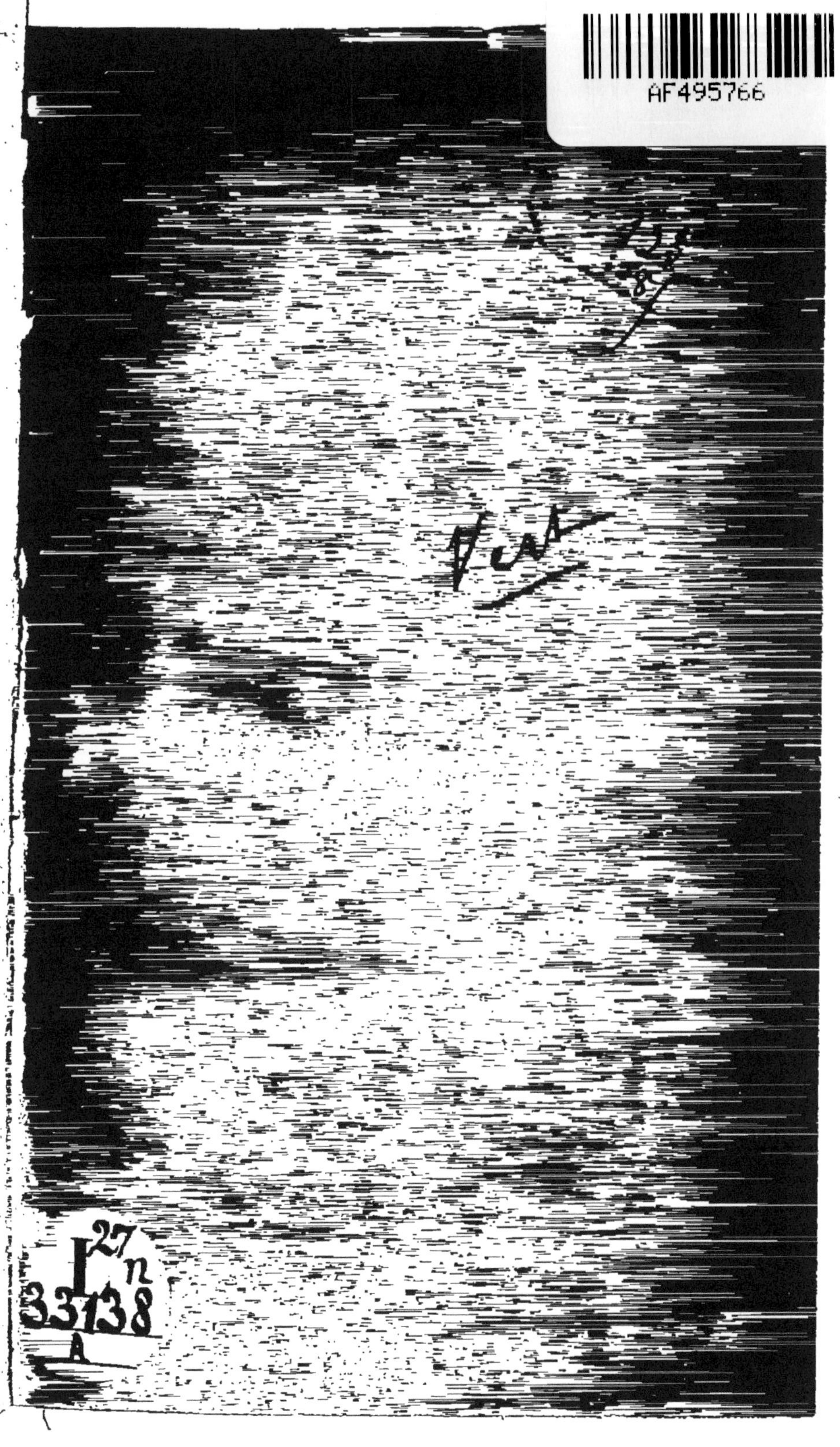

VICTOR HUGO

ENFANT

BIBLIOTHÈQUE DES PETITS

VICTOR HUGO

ENFANT

PAR

V. TINAYRE

PARIS

KÉVA & Cie, ÉDITEURS

7, RUE BERTHOLLET, 7

1885

AUX MÈRES

L'ouvrage que nous présentons, aujour-d'hui, à vos jeunes enfants, entre dans un plan d'éducation dont nous espérons, sinon élever le monument, assembler, au moins, les matériaux.

L'éducation, telle que nous en concevons l'idée, doit être basée sur le VRAI, *pour être morale; sur un système d'*UNITÉ, *pour être féconde et rester dans les données de la prévoyance.*

Si le vrai est la seule base solide de tout enseignement, il faut remplacer le MER-VEILLEUX *par le* RÉEL, *car le merveilleux* donne à l'esprit une nourriture qui, aux dépens du jugement, developpe outre mesure les facultés de l'imagination. Voilà pourquoi, quelque charmantes que soient les fées, nous les proscrivons, aujourd'hui. Et pourtant, du bout de leur baguett e d'ivoire, elles ont fait, bien souvent, tourner avec rapidité les aiguilles qui marquaient l'heure sur le cadran doré de notre enfance.

Si, par éducation, nous entendons la culture continue, harmonique des facultés de l'homme, l'éducation, pour porter ces facultés à leur entier développement, ne comporte plus que des degrés, dont le premier doit contenir les germes de toutes les connaissances humaines et les amorces du second. Le second sera le prolongement du premier, avec des embranchements, pour le troisième, et ainsi de suite. Tous seront **complets.**

Plus de bifurcation arbitraire.

Par la méthode de l'unité, l'éducation interrompue n'arrête pas le développement des germes intellectuels, dont aucun n'a pu être étouffé, faute de culture.

Tous les efforts de l'auteur et des éditeurs de la Bibliothèque des petits *tendront à fournir aux mères de famille, aux instituteurs, les livres de cet important premier degré, point de départ du long voyage que l'homme doit faire à travers le monde intellectuel et moral.*

Nous essayons de fonder une bibliothèque pour les Petits, dans la donnée du vrai, du beau *et* du bien.

En personnifiant ces trois formes de toute littérature, sous la figure d'hommes illustres, nous nous sommes bien gardés de pousser à l'idolâtrie des grands noms.

En proposant aux enfants des modèles,

tantôt à suivre, tantôt à éviter, nous avons voulu, tout en amusant nos chers petits, non seulement les instruire, mais développer en eux les forces du jugement en les exerçant par la critique.

Tous les faits que nous leur présentons sont vrais, beaucoup sont inédits. Les familles de nos grands morts se sont mises à notre disposition pour les renseignements particuliers dont nous avions besoin. Les personnages, dont nous ressuscitons l'enfance, agissent donc d'après le caractère qui leur fut propre. Chaque étude est complète, au point de vue du lecteur auquel elle s'adresse et au degré d'enseignement, auquel elle correspond.

A ceux qui nous reprocheraient d'avoir interverti l'ordre historique, nous répondrons que tout commence à celui qui commence. C'est pourquoi, notre série ouvre le **XIX**ᵉ siècle par un vivant, qui en est la plus glorieuse illustration. Ainsi, nous voudrions aller, partant de ce point qui illumine notre époque, jusqu'où s'arrête la certitude historique.

Dans le travail que nous présentons aujourd'hui aux petits, c'est à eux-mêmes que nous avons emprunté notre style; si nous avons réussi à lui conserver une parcelle des grâces naïves de l'enfance et à lui faire refléter un peu l'image des grands hommes, dont nous rapportons les premières années, nous aurons réalisé un des moyens d'arriver à notre but.

VICTOR HUGO

1

BESANÇON

Dans une chambre de la maison BA-
RETTE, sur la place Saint-Quentin, à Besançon, Abel jouait avec Eugène, bébé
de dix-huit mois.

Abel avait trois ans.

C'était un beau garçon blanc et rose
avec des yeux bleus et des cheveux
blonds.

Eugène, déjà solide sur ses grosses jambes, courait après une balle, avec de petits cris, et, quand il la tenait dans ses deux *menottes*, l'apportait, tout glorieux, à Abel, disant :

Encore ! encore !

Madame Delélée, une belle jeune dame, amie de la maman des deux petits garçons, entra dans la chambre. Elle portait avec précaution un petit paquet blanc, qu'elle posa sur un fauteuil. Les deux enfants s'approchèrent, *pour voir*.

Madame Delélée souleva un voile de mousseline, jeté sur le paquet.

Eugène, cramponné au bras du fauteuil, allongea sa tête curieuse. Mais il la retira bien vite, tout effrayé, en criant : « Oh ! la bêbête ! »

Abel regarda et dit qu'il était *grand*, lui ; il n'avait pas peur. Il se mit à considérer une petite créature jaune, rougeâtre, qui semblait tout endormie dans l'oreiller où elle ne tenait pas plus de place qu'une poupée ordinaire.

Madame Delélée félicita Abel de son courage et dit que la *bébête* était un petit frère ; que ce petit frère, dont elle allait être la marraine, s'appellerait *Marie*, comme elle, et Victor, comme le général Lahorie qui serait son parrain.

C'est ainsi que Abel et Eugène Hugo firent connaissance avec leur frère Marie Victor le 27 février 1802.

Victor Hugo était né la veille, à 10 heures du soir.

Retenez bien cette date du 26 février, 1802. mes petits lecteurs, car le jour où l'enfant, dont je vous parle, vint au monde, ce jour, fut un des plus heureux du xixe siècle, notre siècle.

Victor était si chétif que tout le monde, excepté sa mère, pensa qu'il allait mourir.

Le papa des petits Hugo, un major des armées de la République, était de Nancy ; leur maman, qui s'appelait Sophie Tréhuchet, était de Nantes, en Bretagne.

Madame Hugo était alors une belle jeune femme, tout occupée de bien élever ses garçons. Elle avait nourri les autres, elle voulut aussi nourrir Victor. Quand le docteur lui avait donné le pauvre petit, si chétif, si froid, si engourdi qu'il ne paraissait pas devoir jamais ouvrir les yeux pour voir la lumière du jour, le docteur avait hoché la tête d'un air qui ne signifiait rien de bon.

Tout le monde était consterné. La maman l'avait bien vu. Mais elle ne voulait pas croire que son cher petit dut mourir sitôt. Elle le prit, et, le cachant dans son sein, finit par le réchauffer.

Victor fit un mouvement si faible, si faible qu'une mère seule pouvait le sentir. Alors, dans son cœur, elle dit :

« Il n'est pas mort. C'est tout ce qu'il faut, je lui ferai de la vie avec mon lait et mon amour ! »

MARSEILLE. — L'ILE DE CORSE. — L'ILE D'ELBE

La petite maman avait tenu sa parole. Le nouveau-né, au bout de six semaines de soins, était déjà si bien portant, qu'on put l'emmener à Marseille.

C'était au mois d'avril ; le ciel était tout bleu, la campagne en fleurs.

Abel était enchanté du printemps, qu'il croyait voir pour la première fois. Il était ravi à la vue des oiseaux qui voltigeaient sur les buissons et des beaux soldats qui passaient sur les routes.

Eugène, était tout occupé du petit frère, dont il n'avait plus peur, à présent, bien au contraire. Il l'aimait tant que, sans cesse, il demandait à le voir. C'était un grand bonheur pour lui quand la maman, tenant le bébé par dessous, le lui mettait dans les bras.

Alors, c'étaient des baisers sans fin.

Les gâteaux et les bonbons, dont le papa et la maman avaient garni les grandes poches de la voiture, étaient aussi un des agréments du voyage.

La famille Hugo resta deux ans dans le Midi. Les enfants s'y trouvaient très-bien.

On est bien partout avec sa maman. Un jour, celle des petits Hugo fut obligée de les quitter pour aller à Paris. Ils furent tristes ! tristes ! Songez donc, une maman si bonne ! Le papa était bien resté avec eux ; mais il était obligé de sortir souvent pour son service.

Voyant que les enfants s'ennuyaient à mourir loin de leur mère, M. Hugo écrivit à sa femme pour la presser de revenir. Voici un morceau de sa dernière lettre :

« Ton Abel, ton Eugène et ton Victor
« prononcent tous les jours ton nom. Ja-
« mais je ne leur donnai tant de bonbons,
« parce que, eux comme moi, n'ont ja-
« mais eu de privation aussi pénible que
« celle qu'ils éprouvent.

« ... Ton Victor rentre, il m'embrasse,
« je l'embrasse pour toi et lui fais baiser
cette place » (*il y avait là un blanc dans
la lettre*) « pour que tu recueilles au
« moins, dans ton éloignement, quelque
« chose de lui. Je viens de lui donner des

« bonbons, dont j'ai toujours soin d'avoir
« une provision dans mon tiroir. Il s'en
« va tristement en les suçant. »

Enfin, cette maman tant aimée, tant
désirée, revint à la maison. Quel bonheur
de la revoir ! Abel en était tout pâle de
plaisir, et les deux jeunes ne finissaient
pas de dire en frappant dans leurs petites
mains :

« Maman ! Maman ! C'est maman ! »

Les soldats, comme vous savez, ne res-
tent pas toujours au même endroit. Il faut
qu'ils aillent d'un côté, de l'autre, partout
où l'on a besoin d'eux. Ceux qui ont une
femme et des enfants, ressemblent aux
oiseaux voyageurs, il doivent sans cesse
construire de nouveaux nids.

La famille Hugo quitta Marseille pour
aller en Corse.

Victor avait deux ans.

On s'embarqua sur un joli vaisseau à voiles — alors, il n'y en avait pas d'autres, — et voilà tout notre monde parti pour Ajaccio.

Les enfants étaient contents de voyager sur la mer. Le petit Victor, lui-même, semblait ravi de voir les vagues bleues, avec leur écume brillante, clapoter autour du vaisseau. Toujours, toujours il voulait les regarder. Sa maman disait qu'il s'en emplissait les yeux.

De la Corse, on alla à l'île d'Elbe et de là, ailleurs.

Les déplacements allaient leur train. Cela fatiguait beaucoup le petit Victor, qui était redevenu un peu maladif. Il ne s'amusait plus, et souvent on le trouvait dans un coin, pleurant sans savoir pourquoi.

La maman s'inquiétait. Elle aurait

voulu demeurer toujours au même endroit, y être bien établie et commencer régulièrement l'instruction de ses enfants. Mais d'un autre côté, ça lui faisait beaucoup de peine de quitter son mari, Les petits n'auraient voulu non plus, pour tout au monde, s'en aller sans leur papa. Il était si bon !

Mais voila que le major Hugo fut nommé lieutenant-colonel et il dut partir pour l'Italie ; le roi Joseph, un des frères de Napoléon Ier, l'appelait près de lui.

Il n'y avait pas moyen pour les petits Hugo d'aller avec leur père ; car ce pauvre papa, au lieu d'avoir à combattre de braves soldats comme lui, devait donner la chasse à des brigands, dans les montagnes où il n'aurait pas fait bon pour des enfants. Madame Hugo partit avec es siens pour Paris.

Victor avait trois ans.

III

LA RUE DE CLICHY. GENEVIÈVE DE BRABANT

Mme Hugo s'installa rue de Clichy, au numéro 24, dans une maison très retirée, très tranquille.

Victor Hugo, qui est maintenant le plus grand homme du monde, c'est-à-dire celui auquel chacun reconnaît le plus de génie, Victor Hugo se souvient encore de cette maison où tout petit, il s'amusait avec ses frères. C'était un endroit bien agréable pour des enfants. Il y avait une grande cour où l'herbe poussait entre les pavés ; une chèvre blanche, qui broutait cette herbe, et un puits sous un grand saule. On pouvait bien s'y amuser.

La maman envoya ses petits à l'école, rue de Mont-Blanc, chez un maître qui avait une fille.

On appelait cette fille Mlle Rose. Elle était très bonne et avait grand soin du petit Victor. Quand il s'ennuyait trop dans la classe, elle le prenait avec elle dans sa chambre, et jouait avec lui.

Quand Mlle Rose était occupée, Victor passait tristement le temps de l'école à regarder, dans la cour voisine, les maçons qui bâtissaient un palais pour le cardinal Fesch, un des oncles de l'empreur.

Un jour, Victor vit un homme assis

sur une grosse pierre; l'homme et la pierre, tirés par une corde, montaient, montaient lentement! lentement. C'était drôle. Tout à coup, la corde casse. Tout tombe. On entend un cri terrible. La pierre avait écrasé l'homme.

Ce fut affreux! Victor Hugo n'a jamais oublié cette horrible chose, et souvent encore il pense au pauvre ouvrier qu'il a vu périr. Il en fut malade d'émotion. Ses frères en furent aussi bien attristés.

Un jour on habilla les garçons de leurs plus beaux habits; on donna à Abel et à Eugène un bouquet, et tous les trois s'en furent à l'école.

Victor ne savait pas ce que cela signi- fiait; mais il allait avec ses frères, qui lui donnaient la main et marchaient d'un air important.

A l'école, tout était sens dessus dessous;

dans la cour, les élèves étaient assis sur des bancs. Il y avait beaucoup de monde.

C'était la fête du directeur.

On mena Victor dans la chambre de Mlle Rose.

Mademoiselle Rose, habillée d'une longue robe rouge, avait les cheveux dénoués et flottants. Elle ôta ses habits à Victor et lui mit un petit maillot couleur de chair; puis une peau de mouton sur les épaules.

Avec ses pieds nus et sa tête bouclée, il ressemblait à un véritable petit saint Jean.

Mademoiselle Rose lui dit qu'elle était Geneviève de Brabant et qu'il était son fils Bénony, ce qui étonna beaucoup Victor. Elle le mena sur un théâtre, qu'on avait fait avec les tables de la classe, au fond de la cour.

Les papas et les mamans, qui étaient venus pour assister à la représentation, trouvèrent Bénony fort à leur goût et le firent voir en battant des mains.

Mlle Rose commença alors à dire des choses si tristes, si tristes, et d'une voix si lamentable, qu'Abel et beaucoup d'autres garçons pleuraient à chaudes larmes. Elle prenait Victor dans ses bras et l'embrassait de tout son cœur.

Victor se laissait faire et regardait le monde d'un air étonné. Il trouvait que Geneviève devenait un peu ennuyeuse et que ça durait bien longtemps. Il avait chaud sous sa peau de mouton.

Pendant que Mlle Rose, assise sur des bûches, parlait à son cher Bénony, celui-ci avisa une griffe de fer, servant d'agrafe, qui sortait de l'une des pattes de son manteau et se mit à jouer un peu avec. Enfin, ne sachant que faire, il enfonça la griffe dans un des mollets de madame Geneviève de Brabant, aux pieds de laquelle il était assis.

Geneviève de Brabant, qui ne s'attendait à rien, poussa un cri et dit à son cher fils :

« Veux-tu bien finir, petit vilain ».

Cela fit rire tout le monde, excepté Mademoiselle Rose.

Abel apprenait très-bien à lire, à écrire, et Eugène commençait déjà à épeler un peu. Quant à Victor, il savait aussi une foule de choses, qu'il retenait rien qu'à les entendre dire par les autres. Le maître les aimait bien. Tous les jours, après le dîner, la maman les rassemblait autour d'elle et leur faisait répéter ce qu'ils devaient savoir pour le lendemain.

Tout allait le mieux du monde, et Abel

parlait d'envoyer une longue lettre à son papa, il savait écrire.

Un soir, la lampe, garnie d'un bel abat-jour vert, était allumée sur la table, les petits, autour, étaient occupés à écrire, à lire, à regarder des images. La maman assise dans une grande bergère, les pieds sur un banc, tricotait près du feu. Dehors, il faisait froid. La bise sifflait. On était bien dans la chambre.

Tout à coup, on frappa à la porte de la rue.

Madame Hugo, qui vivait fort retirée et n'attendait personne ce soir-là, se leva tout inquiète pour aller voir, par elle-même, qui ce pouvait être. En sortant, elle oublia de fermer la porte derrière elle.

Au bout d'un instant, les enfants entendirent des pas pesants dans l'escalier. Puis, par le corridor, ils virent deux hommes qui en portaient un autre, étendu sur un brancard. Une servante était devant, une lampe à la main. Madame Hugo venait derrière.

Tout cela passa comme dans un songe. Les porteurs s'en retournèrent seuls.

Une demi-heure après, Madame Hugo revint prendre sa place près du feu. Elle était un peu pâle et semblait fort émue.

Elle ne disait rien. Les enfants la regardaient avec inquiétude. Mais, comme ils étaient fort bien élevés et qu'elle n'aimait pas les questions indiscrètes, ils ne lui demandèrent rien.

Trois jours après, un Monsieur très-pâle et qui semblait bien malade, se mit à table avec eux. Mais il ne mangea guère. La maman leur dit que c'était un parent. Il parut oublier son mal pour s'occuper d'eux.

Les enfants trouvèrent l'étranger bien aimable, car il raconta une belle histoire. Vers dix heures, il s'enveloppa dans un grand manteau gris et s'en alla.

Les enfants supposèrent que c'était l'homme qu'on avait apporté. Ils ne le revirent plus de longtemps. Souvent ils pensèrent à ce cousin mystérieux, qui leur était demeuré dans l'esprit comme une vision.

Nous le retrouverons plus tard.

IV

L'ITALIE. FRA-DIAVOLO

Il y avait deux ans que les petits Hugo n'avaient pas vu leur père. Le temps leur paraissait long. De son côté, la maman était triste.

On savait que le brave lieutenant-colonel combattait contre des bandits ; et cela était bien fait pour donner des inquiétudes à sa femme et à ses enfants :

Un jour enfin, on reçut une longue lettre, dans laquelle M. Hugo annonçait qu'il était nommé gouverneur d'Avellino et colonel du régiment le Royal-Corse ; que sa chère femme et ses enfants le devaient venir joindre dans le royaume de Naples.

Les petits garçons ne se sentaient pas de joie, en apprenant qu'ils allaient partir. Ils étaient heureux comme des rois — si toutefois les rois sont heureux, ce dont je ne suis pas bien sûre — enfin ils étaient heureux comme des enfants qui, en allant retrouver un père bien-aimé, espèrent voir une foule de choses nouvelles et s'en promettent beaucoup de plaisir.

Aller en Italie, songez donc ! ce beau pays, dont tout le monde parle tant, et dont chacun a lu des choses si merveilleuses.

Au mois d'octobre 1807, Madame Hugo se mit en route avec les enfants.

Le temps était sombre et humide. Il

commença à pleuvoir si fort, qu'on ne voyait rien, à travers les vitres des portières, toute ruisselantes d'eau.

On n'eut guère d'agrément en traversant la France. Au mont Cenis, ce fut autre chose. Victor monta en traîneau avec sa maman ; on donna des mules à Abel et à Eugène, dont l'un avait sept ans, l'autre six. Je vous laisse à penser s'ils étaient fiers et s'ils se tenaient droits sur leurs bêtes, ces petits cavaliers !

Eugène faisait le *grand* tant qu'il pouvait. Il n'aimait pas qu'on prît trop soin de lui ; il ne voulait pas être traité comme un marmot, et, aussitôt que sa maman ne pût le voir, il ôta bien vite les bas de laine qu'elle lui avait mis par-dessus ses autres bas et sa chaussure, pour le préserver du grand froid de la région des neiges.

Sa désobéissance lui valut un bon rhume. Il toussa, il eut la fièvre.

Voilà ce que c'est que d'être têtu. Les mamans pardonnent quelquefois, mais la Mère Nature ne pardonne jamais. Si on lui désobéit, tant pis pour les désobéissants ! Il faut qu'ils soient punis.

Nos voyageurs s'arrêtèrent un peu à Suze, puis à Parme, où ils virent une inondation.

La *Parma* était débordée. La ville semblait sortir d'un lac ; tous les environs étaient pleins d'eau.

Le petit Victor s'amusait beaucoup à voir les paysans qui, dans la crainte de mouiller leurs souliers, les portaient pendus à leur cou. « Regarde, » disait-il à Eugène, regarde, sont-ils drôles : il aiment mieux user leurs pieds que leurs souliers. »

Dans ce temps-là, il n'y avait pas encore de chemins de fer, et le voyage était long de Paris à Avellino.

On avait repris les diligences et les pauvres enfants, enfermés comme dans des boîtes, d'où ils pouvaient à peine bouger, s'ennuyaient à qui mieux mieux. Il faut dire que ce qu'ils voyaient le long de la route, n'était pas non plus bien propre à les égayer, songez donc : à chaque instant, on rencontrait quelque chose d'affreux qui pendait à un arbre : une jambe, un bras à demi rongés par les corbeaux ; un corps sans tête ; une tête sans yeux !

C'étaient des bandits, coupés en morceaux, qu'on exposait dans les chemins pour effrayer leurs camarades.

Les petits garçons avaient peur, surtout Victor ; ils avaient aussi pitié de ces pauvres morts, auxquels on refusait un peu de terre pour les couvrir. Ils faisaient, à l'intention de ces malheureux, de petites croix de paille qu'ils collaient aux vitres de la diligence.

Malgré un peu de gêne et ces tristes rencontres, le voyage avait bien ses agréments pour les petits Hugo : ils virent l'Adriatique, et Victor, que les belles choses ravissaient déjà, admiraient « les paillettes d'argent » que cette mer semblait faire miroiter au soleil.

Ils arrivèrent à Rome.

C'était jour de fête. Une foule, bariolée des plus éclatantes couleurs, remplissait les rues. Ils traversèrent le pont Saint-Ange sur le Tibre, et virent beaucoup de statues. Celle de l'apôtre Pierre, dont ils allèrent, sans savoir pourquoi avec tout le monde, baiser un orteil, leu parut être la statue d'un géant. Les belles Romaines leur firent beaucoup de plaisir à regarder.

De Rome ils allèrent à Naples, où ils passèrent plusieurs jours. La maman, très fatiguée du voyage, sortait peu. Les garçons étaient sans cesse sur la terrasse de l'hôtel d'où l'on voyait le golfe et, autour du golfe, une campagne si belle que jamais ils n'en avaient vu de si belle !

Ils ne se lassaient pas d'admirer la ville où il y a tant de fleurs sur les maisons et tant de soleil sur les fleurs ; où la mer et le ciel sont bleus comme des turquoises.

Les *lazzaroni*, commissionnaires de Naples, que la chaleur rend très paresseux, intéressèrent aussi beaucoup nos petits amis ils étaient tout surpris de les voir, en attendant les pratiques, étendus à l'ombre, sous les ponts, sous les grandes portes des palais, comme des lézards au soleil.

Enfin, la mère et les enfants arrivèrent

à Avellino, le pays des avelines, ces grosses noisettes, si bonnes, dont l'amande est enveloppée d'une belle tunique rouge.

Le colonel Hugo s'était fait aussi beau que possible, pour recevoir *sa petite troupe*, comme il appelait sa famille. Il avait mis son grand uniforme tout chamarré de broderies.

Si l'on s'embrassa, si l'on pleura de joie, si l'on fut ravi de se voir, après deux ans d'absence : je n'ai pas besoin de le dire.

Le papa avait pris sur ses genoux ses deux plus petits garçons ; Eugène passait les doigts sur les passements d'or de son habit, et Victor sur les graines d'épinard de ses épaulettes ; Abel s'était emparé de son grand sabre. Lui, les laissait faire et souriait.

La maman, tout attendrie, debout devant la fenêtre, s'essuyait les yeux.

On visita la maison de Monsieur le gouverneur Hugo.

C'était un vieux palais avec des escaliers, des balcons, des colonnes de marbre. Il y avait bien quelques crevasses, qu'un tremblement de terre avait faites dans les murs ; mais bah ! il faisait si chaud et ces grandes bouches de pierre étaient des endroits bien commodes, pour jouer à cache-cache.

Devant le palais, un grand espace de terrain, tout garni de noisetiers, allait en pente et formait un ravin profond. C'était parfait pour jouer aux soldats.

Quel bonheur de courir à travers les branches, de ne plus aller à l'école, d'être libres comme des oiseaux !

Les enfants passaient leur vie dans le ravin. Quand ils étaient las de courir et de s'amuser, ils montaient au palais, où ils trouvaient leur maman qui les occupait alors à lire, à écrire ou leur apprenait à compter avec de grosses noisettes, qu'ils cassaient eux-mêmes, après la leçon, et croquaient ensuite à belles dents.

Oh ! la charmante manière d'apprendre à compter ! Vous voudriez bien, et moi aussi, que la mode en vînt dans les écoles !

Quelquefois, le papa se trouvait au logis : alors il causait avec ses petits garçons, même il jouait avec eux.

Un jour que toute la famille était réunie dans une des salles du palais, Victor demanda :

— Pourquoi y a-t-il eu la guerre ici ?

La maman, qui n'aimait pas Napoléon, répondit :

— C'est parce que Bonaparte, qui s'est fait empereur, a voulu avoir des rois dans sa famille. Il a pris le royaume de Naples et l'a donné à son frère Joseph.

— C'est bien drôle, fit remarquer Victor; un royaume ce n'est donc pas comme autre chose, on peut le prendre sans aller en prison? Et les Napolitains ont donc voulu qu'on les prenne, dis, papa?

— Pas tous. Le roi Ferdinand IV, qui perdait son royaume; ses amis, qui perdaient de bonnes places, et les brigands, qui n'allaient plus pouvoir continuer leurs brigandages, sous un gouvernement français, n'étaient pas contents du tout.

— Et puis, » ajouta Madame Hugo, « il y avait aussi les patriotes, qui ne voulaient pas d'étrangers chez eux. Ceux-là ont aidé les brigands à faire la guerre.

« Raconte-nous une histoire de brigands, » dit Abel.

« Oui! oui! » crièrent les petits, cher

papa, raconte nous une histoire tu en sais
tant.

« — Allons je le veux bien, » répondit
le colonel qui ne pouvait rien leur refuser,
et il commença :

« Parmi les chefs de brigands qui étaient
venus offrir leurs services au roi de Naples,
il y en avait un qui s'appelait Michel
Pezza. »

« Ce Michel Pezza, qui volait sur les
grandes routes et même, tuait les voyageurs, si on lui faisait résistance, ce Pezza
était un homme singulier. »

— Comment était-il singulier?

Quelquefois, il faisait le *roi* et donnait
aux uns ce qu'il avait pris aux autres, sans
beaucoup de peine.

— Tiens! dit Abel c'était commode
pour se faire aimer.

— Aussi le peuple l'aimait pour cela et

parce qu'il était brave et qu'il avait joué des tours pendables à la police, répondit le général et il continua.

« Ferdinand, qui ne partageait pas, alors, les sentiments de son peuple pour le bandit, avait fait publier partout qu'il donnerait deux mille ducats d'or à celui qui lui amènerait, mort ou vif, Michel Pezza, qu'on avait surnommé Frère Diable (en italien Fra-Diavolo). »

« Fra-Diavolo s'était fait conduire dans les prisons de Naples par un de ses confrères, qui avait touché les deux mille ducats et, le lendemain, quand on était allé chercher, pour le pendre, Michel Pezza, il avait disparu. »

« Le roi dut être bien attrapé interrompirent les petits. »

— « Sans doute, mais ce tour n'empêcha pas le roi Ferdinand, quand il eut besoin du voleur, de le faire colonel et duc de Cassano, rien que ça. Quand cela fait leur compte, les rois n'y regardent pas de si près. »

« Monseigneur le duc de Cassano leva une armée de bandits et de montagnards calabrais, qui s'entendaient à merveille à piller nos vivres, à nous mitrailler du haut des montagnes, ou, embusqués dans les bois, à nous surprendre par derrière quand nous avions passé devant eux. »

« Fra-Diavolo nous faisait tout le mal qu'il pouvait ; naturellement nous le lui rendions, si bien qu'une fois je lui tuai plus de 1200 hommes. »

— Douze cents hommes ! » exclama Abel qui avait beaucoup de bon sens, « douze cents hommes ! Il devait y avoir parmi eux beaucoup de braves gens et je les plains bien. »

— Mais puisque c'était des brigands ? »
dit l'un des petits.

— 1200 brigands, c'est impossible.

— Bien raisonné » dit le papa qui poursuivit : « Pourtant, malgré ce carnage des
siens, Fra-Diavolo nous échappa. Il se
battait comme un démon. On le voyait,
on le tenait, *crac*, plus personne.

— Comment donc ?

— C'est bien simple : nous ne connais-
sions pas et il connaissait tous les chemins,
tous les défilés, tous les arbres de ses
montagnes. Et puis le diable s'en mêlait :
il pleuvait toujours, si bien que les fusils
ne partaient pas. »

« Un soir, après avoir fait un grand carnage de ces enragés de brigands, je pour-
suivis jusqu'à Morcone le peu de troupes
qui restait à Fra-Diavolo. J'allais sûrement
les attraper quand un orage épouvantable,

un tremblement deterre, nous coupèrent le chemin. »

« Il y avait là une rivière que Fra-Diavolo venait de passer. Maintenant c'était une petite mer. »

« M. le duc de Cassano allait pouvoir se rendre à Caprée, une île italienne qui appartenait encore aux Anglais. »

« C'était fini, nous ne l'attraperions jamais à moins d'aller au-devant de lui, en descendant par le pic de la Virgine. Mais, pour descendre, il faut monter d'abord. Or, après une pluie comme celle qui venait de tomber, la montagne n'était pas commode à escalader, des chèvres seules auraient pu l'essayer.

« — Pauvre papa, » dit l'un des petits, « pauvre papa, tu devais être bien embarrassé. »

« — Je le crois bien. Mes hommes,

trempés comme des soupes, hésitaient.

— Ils hésitaient !

— Oui, ils hésitaient : une poignée de bandits allaient avoir le dessus sur l'armée française ! Mille millions de bombardes ! Ce Fra-Diavolo nous échappait ! Non, c'était trop fort ! Les Anglais en riraient bien. »

« — Ils en auraient ri, les Anglais et pourquoi ? » demanda Eugène.

« — Parce qu'ils étaient contre nous et fournissaient de l'argent à nos ennemis. La pensée que notre désastre les réjouirait, allumait ma colère ; je tire mon épée, je la montre aux récalcitrants et je dis : « Je la passe à travers le corps de celui qui refuse de me suivre ! En avant ! marche !... » Et je m'élance le premier, dans le défilé des Fourches-Caudines. »

« Tout le monde me suit. La terre était

si glissante que des chamois ne s'y seraient pas tenus. Ça ne fait rien, rampant sur les genoux, nous accrochant aux buissons, nous arrivons au pic, d'où l'on voit le golfe de Naples. C'était si beau, après l'orage, que mes hommes en étaient saisis d'admiration. »

« La descente se fit assez bien. Nous rejoignîmes Fra-Diavolo à Otella. Nous l'attaquâmes, il fut blessé, mais nous ne le prîmes pas. Il ne lui restait plus que 30 hommes, tous les autres avaient péri. »

« Il se sauva encore. Enfin nous l'atteignîmes de nouveau, et, cette fois, nous l'entourâmes si bien qu'il ne pouvait plus nous échapper à moins de s'envoler par les airs. Nous étions bien sûrs de notre affaire. Tout à coup, nous voyons sortir du bois des gardes nationaux qui traînaient un prisonnier ; comment diable ces gardes se trouvaient-ils là ? c'est ce que l'on ne pouvait comprendre. Le prisonnier était Fra-Diavolo. »

« Mes cavaliers voulurent le prendre pour me l'amener, mais les gardes dirent que le roi Joseph avait promis 6.000 ducats d'or pour la tête de Michel Pezza et qu'il voulaient, eux-mêmes, le conduire à Naples. »

A cela, les cavaliers n'avaient rien à dire et laissèrent passer. »

« Les gardes nationaux s'enfoncèrent dans un défilé. Trois minutes après, mes pauvres soldats recevaient une fusillade dans le dos. Ils se retournent et voient Fra-Diavolo libre et les gardes riant et se moquant de nous. »

« — Comment ? comment ? crièrent les petits.

« L'arrestation était une ruse de Michel

Pezza pour passer à travers ses ennemis. Les gardes nationaux étaient des brigands déguisés. »

« Ils n'allèrent pas bien loin : à quelques lieues de là, nous exterminâmes toute la bande. »

— Et Fra-Diavolo aussi?

— Non, Fra-Diavolo, seul, mourant de froid et de faim, perdant son sang par deux blessures, parvint à s'échapper. Il arriva à Baronisi sans savoir où il était. »

« Il neigeait et il ne faisait pas encore jour. Le malheureux s'assit sur une borne. Enveloppé de ce qui lui restait de son manteau, il attendait la mort, quand un apothicaire, en ouvrant sa boutique, vit cet homme tout ensanglanté et le fit entrer chez lui. On lui donna vite à boire un peu d'eau-de-vie et cela parut le ranimer. »

« On lui demanda d'où il venait et qui l'avait mis dans ce pitoyable état ? »

« Le pauvre frère diable, se troubla balbutia et ne sut que répondre. Alors l'apothicaire, qui n'était pas un homme bien délicat, pensant qu'il avait affaire à un brigand, et espérant gagner une prime envoya sa servante chercher la police qui vint aussitôt. »

« On demanda ses papiers au malheureux, il n'en avait pas. »

« Alors sans savoir qu'on tenait Fra-Diavolo, on le conduisit à Salerne, devant le conseil de guerre, qui s'apprêtait à le juger comme un simple bandit, quand un de mes sapeurs le reconnut et le fit reconnaître. »

« Fra-Diavolo fut condamné à mort comme assassin ; je demandai au roi Joseph de lui faire grâce et de traiter en soldat celui qui s'était si bien battu. Le roi n'aurait pas mieux demandé, mais l'Empereur ne le voulut pas et Fra-Diavolo fut pendu. »

« C'est dommage, » dit Victor, « s'il avait vécu il se serait corrigé. »

« Peut-être bien, » répondit le papa. « Dans tous les cas, il ne pouvait plus nuire et on aurait bien fait de le laisser vivre. Il s'était battu pour son pays.

V

LES FEUILLANTINES. L'INCONNU

Les enfants étaient si heureux à Avellino que jamais ils n'auraient voulu quitter cette ville. Mais l'Empereur Napoléon,
qui était alors comme le mauvais génie
de l'Europe, en avait décidé autrement.

Même sans le vouloir, sans le savoir, ce
mauvais homme faisait du mal aux grands
et aux petits. Il donna, à son beau-frère
Murat, le royaume de Naples et commanda
à Joseph d'aller en Espagne pour y être roi.

Napoléon avait pris l'Espagne sans plus de droit et sans plus de façon que le royaume de Naples.

Joseph dut obéir et aller dans un pays où tout le monde le détestait, à cause de son frère, où la nation entière était contre lui.

Le nouveau roi d'Espagne entouré d'ennemis, cherchait dans l'armée un homme fidèle qui pût le défendre. En conséquence, il voulut avoir avoir le colonel Hugo et lui donna une province à gouverner et les guérillas à combattre. Ces guérillas étaient des troupes espagnoles ; elles se composaient de tous ceux qui en voulaient faire partie pour chasser les français.

Il ne fallait pas songer à emmener encore des enfants en Espagne, on s'y battait partout.

Les petits Hugo reprirent, avec leur mère, le chemin de Paris.

Ainsi Victor Hugo voyait une grande quantité de pays, où il y a beaucoup de lumière et des paysages admirables ; et il faisait connaissance avec des hommes, des femmes, des enfants bien différents des français et tout cela devait lui servir, plus tard, à faire avec sa plume des tableaux pleins de soleil et de brillantes couleurs.

Quand il se vit encore une fois tout seul, le pauvre colonel tomba dans une grande tristesse, sa seule distraction, maintenant, était de parler de ses chers enfants. Les lettres à sa mère — la vieille Mme Hugo, qui habitait la Bourgogne — ses lettres étaient pleines d'eux, voici ce qu'il en disait une fois à leur grand'mère :

« ... Abel est un enfant des plus aima-
« mables, il est grand, poli, posé plus
« qu'on n'est à son âge Ses progrès en-

« couragent. Il est doué d'un excellent
« caractère, ainsi que ses deux frères.

« Eugène a la plus belle figure du monde
« Il est vif comme la poudre. Il a moins
« de disposition à l'étude, je crois, que
« ses frères, mais aucune mauvaise qua-
« lité.

« Victor, le plus jeune, montre une
« grande aptitude à étudier. Il est aussi
« posé que son frère aîné et est très réflé-
« chi. Il parle peu, et jamais qu'à propos.
« Ses réflexions m'ont plus d'une fois frap-
« pé. Il a une figure très douce.

« Tous trois sont de bons enfants. Ils
« s'aiment beaucoup, entre eux, les deux
« aînés aiment extrêmement leur petit
« frère. Je suis triste de ne plus les avoir...
« Mais les moyens d'éducation manquent
« ici. »

. . . .

La maman de nos trois garçons se plaisait dans les maisons solitaires, où l'on est tranquille pour étudier. Elle loua, dans le quartier Saint-Jacques, un morceau de l'ancien couvent des Feuillantines. C'était un endroit bien agréable. Il y avait là de grandes salles, ouvertes au soleil, de belles chambres avec de hauts plafonds voûtés et des armoires où l'on aurait pu jouer aux cachettes. Mais les garçons n'y firent d'abord pas beaucoup d'attention. Le Jardin les attirait. Ils y coururent.

C'était l'automne : les murs étaient couverts de treilles, où pendaient des chasselas d'un jaune transparent et doré comme de la topaze. Les poires fondantes, les pêches veloutées tombaient des branches. La terre en était parsemée autour des arbres. Quelle fête !

Comme on se régala de tous ces bons

fruits ! Quand Abel Eugène et Victor eurent mangé de tout ce que le jardin leur offrait alors de déliciéux, ils s'en allèrent à la découverte. Et voilà, dans le fond de l'enclos, ils trouvèrent un coin où la bonne nature laissait venir tout ce qui pouvait y pousser : des arbustes, des buissons, des orties, de grandes herbes, des fleurs sauvages. Tout ça enchevêtré, pendant, vert, formant un petit bois, comme fait exprès pour des enfants. On en prit possession avec des transports de joie ; songez donc : on y pouvait jouer à cache-cache bien mieux que dans les trous de marbre du palais d'Avellino.

Il est vrai qu'on pouvait aussi mieux y déchirer les pantalons. Mais, que voulez-vous, les mamans savent bien que ces accidents-là arrivent un peu partout.

Enfin, pour bien dire, ce jardin était

un vrai paradis, dans lequel rien ne devait manquer aux enfants, pas même une allée de marronniers qui fournissait des plats pour les dinettes et où la maman avait fait suspendre une balançoire. Un puisard desséché y servait pour jouer à la guerre.

Le petit Victor, devenu LE GRAND VICTOR HUGO, dit de ce jardin, dont le souvenir lui emplit encore le cœur :

J'eus dans ma blonde enfance, hélas ! trop éphémère !
Trois maîtres : un jardin, un vieux prêtre et ma mère.
Le jardin, était grand, profond, mystérieux,
Fermé par de hauts murs aux regards curieux,
Semé de fleurs, s'ouvrant ainsi que des paupières,
Et d'insectes ailés qui couraient sur les pierres.
Plein de bourdonnements et de confuses voix.
Au milieu, presqu'un champ, dans le fond, presqu'un
[bois.
Le prêtre tout nourri de Tacite et d'Homère,
Était un doux vieillard. Ma mère était ma mère.

Eugène et Victor demeurèrent dans ce

paradis avec leur maman. Il n'en fut pas de même du pauvre Abel, voilà, il était déjà grand et devait apprendre une foule de choses qu'on n'enseigne pas à la maison. On le mit en pension, au collège Saint-Louis. Il ne venait aux Feuillantines qu'une ou deux fois, la semaine. Aussi, il fallait voir s'il était content quand cela arrivait.

Les deux petits allèrent chez M. Larivière, le « prêtre tout nourri de Tacite et d'Homère » qui tenait une école dans le quartier.

Ce vieux maître était très savant et très bon. Il s'attacha fort aux petits Hugo, qui étaient appliqués et apprenaient bien. Entr'autres choses, le bon Larivière leur enseigna le latin, qu'ils parlèrent bientôt. Une chose étrange. Quand on avait voulu apprendre à épeler à Victor, on s'était aperçu qu'il savait déjà lire.

La mère Larivière n'en revenait pas et s'en fût conter la chose à toutes ses amies du quartier Saint Jacques, et pendant plusieurs jours, il ne fut question que du miraculeux enfant de Madame Hugo.

Après l'école, les enfants couraient dans leur grand jardin. Quand il faisait beau temps, ils y goûtaient, ils y apprenaient leurs leçons, et jouaient jusqu'au soir.

Mme Hugo avait une amie : Mme Foucher ; cette amie la venait voir souvent, aux Feuillantines. Elle venait avec ses deux enfants : Victor, un grand tapageur, et Adèle, une mignonne enfant de trois ans. Adèle était jolie comme une rose. Elle aimait beaucoup les petits Hugo et les petits Hugo l'aimaient aussi, de tout leur cœur, surtout Victor. Mais toute cette grande amitié n'empêchait pas nos garçons de taquiner Adèle, quand elle voulait se mêler à leurs jeux, ce qui lui arrivait souvent.

Quelquefois les trois frères mettaient la petite dans une brouette, lui bandaient les yeux avec un mouchoir ; puis, attelés à la brouette, ils couraient comme des chevaux à la travers les allées. Adèle, pleine de terreur, poussait des cris :

« Arrêtez ! arrêtez ! je veux descendre ! » Et pourtant, elle n'aurait pas donné sa place pour dix gâteaux. Que voulez-vous ! c'est comme ça : on a peur, on reste tout de même, n'est-ce pas ?

Les garçons s'arrêtaient. Ils demandaient à Adèle : « Où sommes-nous » ?

Si elle se trompait, en répondant, c'était des rires qui n'en finissaient pas, et l'on repartait de plus belle à travers le jardin.

Quelquefois, la petite rusée regardait un peu par dessous le bandeau, pendant

que ses amis galopaient en la voiturant.
Alors, elle *devinait*.

Ce n'était pas difficile. Mais les garçons
étaient sévères ! on visitait le mouchoir.
« Elle a triché ! Elle a triché ! » On lui
serrait le bandeau, jusqu'à faire des mar-
ques sur son petit nez rose, et le train se
remettait en marche.

Quand on était fatigué de la brouette
il y avait la balançoire. Les garçons s'en
donnaient, à la faire aller. On aurait dit
qu'ils volaient par les airs, tant ils la
lançaient haut, cette balançoire.

Adèle voulait aussi en être et Victor la
balançait. C'est alors qu'elle criait : « pas
si fort, pas si fort ! je veux descendre !..... »

Victor s'arrêtait.

« Non, non, encore un peu » disait-
elle. Et l'on recommençait.

Quand Abel était là, il était, bien entendu, le général de la troupe tapageuse. Il rangeait ses soldats en bataille. Tout le monde recévait un fusil, je veux dire un échalas.

La petite Adèle n'était pas la dernière à demander le sien. Naturellement, elle suivait l'armée comme cantinière. Et elle était gentille, allez, avec son petit bonnet de police en papier, posé sur l'oreille

Il y avait dans la cour une cabane à lapins, à trois étages ; cela figurait une forteresse.

On assiégeait la forteresse.

Un des garçons grimpait sur le toit, parlait aux assiégés. Les lapins consentaient à tout, et l'armée victorieuse entrait dans la place.

C'était charmant, pour les garçons, mais la maman aurait mieux aimé d'autres jeux. C'est qu'ils en usaient des habits, ces soldats ! Quelles blessures aux vestes et aux pantalons !

« Enfin, disait cette chère maman en raccommodant les accrocs, « il faut bien que les enfants s'amusent. »

Disons que ces enfants là ne s'amusaient pas toujours. Ils apprenaient que c'était merveille !

Un matin, à déjeûner, les petits garçons trouvèrent installé à table, le mystérieux cousin qui était déjà venu, porté sur un brancard, les visiter rue de Clichy.

Cette fois, il avait bonne mine. Il causa avec les enfants, prit Victor sur ses genoux l'embrassa plusieurs fois. Il paraissait enchanté de le voir.

A midi, le cousin était encore là. Le soir, il dîna avec la famille. On était en hiver. Pendant la veillée, il raconta des histoires si intéressantes, que les petits se décidèrent avec peine à s'aller coucher.

Le lendemain et les jours suivants, le cousin ne s'en alla pas. Il demeura, au fond du jardin dans une chapelle où on lui avait fait une espèce de chambre, dont il sortait rarement pendant le jour. Il n'aimait sans doute pas beaucoup à faire ou à recevoir des visites. Aussitôt qu'il entendait sonner, il s'enfermait à double tour, tirait les rideaux pour ne voir personne.

Les petits étaient bien étonnés de voir leur cousin si sauvage, lui qui était si bon. Pourquoi n'allait-il jamais dehors ? Il passait sa vie à lire, à dire des histoires aux petits. C'était bien extraordinaire, en vérité.

Quelquefois, l'hôte mystérieux corrigeait les devoirs. Ce n'était pas aussi amusant que les belles choses qu'il racontait des Grecs et des Romains ; et ce qu'il disait des batailles où les généraux de la

République avaient battu tous les rois de l'Europe, c'est-à-dire, leurs soldats ; car les rois se gardent bien de se faire battre en personne.

Le cousin resta plus d'un an chez Mme Hugo.

Un jour, comme toute la famille était réunie dans la salle à manger, une servante entra, tout émue en disant :

« Des gens de mauvaise mine sont en bas ; ils prétendent qu'il y.a ici un criminel d'Etat. Ils viennent pour l'arrêter ! Seigneur ! les voici ! »

Les hommes entrèrent dans la chambre. Le cousin, très pâle, s'avança vers eux :

— « Que voulez-vous ? » demanda-t-il d'une voix troublée.

Un homme de mauvaise mine lui répondit :

— Le général Lahorie.

— C'est moi.

— Je vous arrête.

— C'est bien » fit le général, « Je vous suis »

Alors il se pencha vers le petit Victor, le pressa dans ses bras, l'embrassa plusieurs fois ; puis, ce fut le tour d'Eugène.

Le cousin serra la main de Mme Hugo et suivit ceux qui étaient venus le chercher. Il avait l'air bien triste en quittant ses petits amis. Pourtant, il s'en alla d'un pas ferme. On le conduisit en prison.

Les enfants ne le revirent plus. C'était bien le général Lahorie, le parrain de Victor. Il avait essayé de renverser Napoléon, et Napoléon le fit fusiller !

Heureusement, les enfants ne savaient pas tout cela, ils étaient seulement fâchés d'avoir perdu un aussi bon ami. Ils croyaient qu'on le garderait quelque temps én prison; puis qu'il reviendrait…

Ce ne fut pas le cousin qui revint, mais le colonel Louis Hugo, l'oncle des petits.

Celui-là arrivait d'Espagne, et il apportait la nouvelle que son frère était nommé général, gouverneur de trois provinces, sénéchal du palais, que sais-je encore! Comte.

C'étaient des titres, des grandeurs à n'en plus finir.

Le roi Joseph avait donné à M. Hugo un million de réaux, ce qui ne gâtait rien.

Le nouveau général priait sa femme de venir le plus tôt possible en Espagne avec les garçons.

Vite, on acheta une grammaire, un dictionnaire espagnols, et les petits se mirent si bien à étudier la langue du pays où ils devaient aller, qu'ils la-parlèrent à peu près, au bout de trois mois.

IV

On était au printemps, de 1811 Mais les oiseaux avaient beau s'éveiller dans les nids, les arbres verdir, les fleurs s'ouvrir au soleil, le gazon s'étendre dans le puisard, les garçons délaissaient le jardin.

La balançoire était décrochée et la brouette de la petite Adèle, dans un coin.

On emballait les billes, les images, les livres, le petit théâtre, les beaux soldats des régiments de plomb ; les tables, les chaises étaient remplies de ces choses importantes.

La maman se fâchait et ne voulait pas tout emporter, mais quand elle ne faisait pas attention, crac ! les petits malins glissaient leurs trésors dans les malles ouvertes, sous le linge et les habits. Il y en avait partout. Et encore, quand on fut dans la berline de voyage, il se trouva que cette voiture avait toutes ses poches gonflées comme des pelotes et qu'il n'y aurait pas eu moyen d'y mettre une toupie de plus.

Le temps était superbe : le voyage fut des plus agréables.

A Bayonne, il fallut s'arrêter pour attendre les soldats qui devaient accompagner la femme et les enfants du général, car les routes n'étaient pas sûres en Espagne. Que voulez-vous ! les Espagnols

ne se gênaient pas pour tuer les Français
qui étaient venus s'emparer de leur pays.

La famille passa un mois à Bayonne,
et logea chez une dame qui avait une fille
de douze ans.

Cette petite fille était fort gentille, et
très bonne ; elle aima tout de suite Victor,
et ne le quittait pas. Elle faisait la maman
avec lui, le protégeait, le promenait par la
ville, ou bien assise sur le grand escalier
de sa maison, elle lui racontait des histoires.

Victor se laissait faire. Il avait plaisir
à voir et à écouter la jolie petite fille. Il lui
obéissait, il la suivait partout.

Pendant que ses frères allaient voir les
soldats faire l'exercice, lui, demeurait avec
sa nouvelle amie.

Il eut bien du chagrin de la quitter.
Longtemps après, et lorsqu'il était déjà
un homme il la chercha, sans pou-

voir découvrir ce qu'elle était devenue.

Voilà, c'est ainsi pour les petits comme pour les grands : on se rencontre, on s'aime bien, on voudrait toujours demeurer ensemble : on ne se revoit plus.

Les trois garçons se plaisaient beaucoup à Bayonne, où ils pouvaient aller tous les soirs à la comédie. D'abord il s'y amusèrent de tout leur cœur ; mais, comme on y jouait tous les jours la même chose, ça finit par les ennuyer.

Dans le jour, ils faisaient de longues promenades dans la campagne et achetaient beaucoup d'oiseaux, qu'on leur vendait presque pour rien.

Ces oiseaux, qu'ils avaient mis dans de jolies cages d'osier, encombraient l'appartement.

Quand on partit, la maman déclara qu'elle avait assez de sa nichée, à elle, et qu'il fallait donner la clef des champs à toutes les autres.

Ce fut un grand crève-cœur.

Enfin on aligna les cages sur la fenêtre. On en ouvrit une, lentement, puis une autre, puis une autre, et puis encore une autre. On les ouvrit toutes.

Les verdiers, les chardonnerets, les mésanges s'envolaient, sans dire *pip* à ceux qui leur avaient si souvent donné la becquée.

« Comme ils sont empressés de nous quitter ! » disait tristement Eugène, «allez, allez, petits ingrats, vous n'aurez plus de sucre, de bonbons, de graines choisies ! »

— « Ils seront libres » répondait Victor, et il ajoutait :

« — Si tu étais oiseau, tu verrais bien si tu n'aimerais pas mieux voler dans les airs que d'avoir toutes les meilleures choses à manger, dans une prison. »

Eugène secouait la tête et soupirait.

L'aide de camp du général, le marquis du Saillant, un neveu de Mirabeau. — je vous raconterai quelque jour l'histoire de Mirabeau, — le marquis du Saillant, avec beaucoup de soldats, était venu pour escorter Mme Hugo.

On quitta la France. Le voyage fut long et plein d'aventures.

L'Espagne, avec son ciel couleur d'indigo, ses montagnes couvertes de vignes et d'oliviers, plaisait beaucoup à Victor. Au contraire, la maman trouvait tout affreux dans ce pays où l'on était dévoré de puces et de punaises, où il n'y avait jamais rien dans les auberges, où les habitants étaient tous ennemis des Français.

Mais, à la vérité, ce n'était pas toujours la faute des Espagnols, si l'on manquait de tout sur **les** routes. Quelquefois, quand on croyait aller coucher dans un village, ce village n'était plus que de la cendre. Les Français y avaient tout brûlé.

Un soir, les voyageurs arrivèrent dans un endroit où ils espéraient trouver une bourgade nommée Saladas, où l'on pourrait souper et coucher. Hélas, il n'y avait plus que des maisons écroulées, des pans de murs tout noirs, pas un radis à se mettre sous la dent, pas moyen de dormir autre part que sous les étoiles, dont le ciel était rempli.

La nuit était claire, le temps doux. On n'était pas encore trop à plaindre et la maman avait, dans sa voiture, quelques provisions et tout ce qu'il fallait pour se coucher. Mais les petits garçons préférèrent courir dans les décombres et y

jouer à cache-cache, plutôt que de s'étendre sur leur matelas.

Mme Hugo eut beau les appeler, ils ne
vinrent pas. Ils étaient trop en train de se
poursuivre avec des cris de coq. Ils couraient partout, sautaient sur ces poutres
branlantes, si bien, qu'à la fin, Victor,
qui n'était pas le moins démon des trois, fut
entraîné par une pierre, sur laquelle il
s'était lancé.

Le petit imprudent tomba au bas d'un
mur en poussant un cri. Ses frères se pré-
cipitèrent à son secours, ains que les soldats de garde.

On le releva tout sanglant.

Je vous laisse à penser l'effroi de la maman, quand on lui rapporta son cher petit, les yeux fermés, blanc comme un mort.
Heureusement, il n'était qu'évanoui. Avec
une feuille de pourpier, on pansa la bles-

sure qu'il avait au front. Huit jours après,
il ne restait plus qu'une cicatrice, que
Victor devait garder toujours. Il l'a encore. La nature est comme ça, elle mar-
que souvent, pour leur vie, ceux qui ne
prennent pas assez de soins du corps
qu'elle leur a donné.

On se remit en route, et les enfants re-
commencèrent à s'amuser de tout ce qu'ils
rencontraient.

Voilà qu'une fois, vint à passer un drôle
de régiment, C'était un régiment de bor-
gnes, de boîteux, d'aveugles, de man-
chots, appuyés les uns sur les autres.

Il y avait même de pauvres jeunes
soldats qui n'avaient plus de jambes ; d'autres, plus de bras du tout.

C'était triste, oui, et risible aussi.

Tout ça revenait de la guerre, clopin-
clopant, avec des habits de toutes les fa-

çons. Quelques-uns avaient des singes et des perroquets sur les épaules. Ils retournaient en France.

Les grenadiers de l'escorte se mirent à rire. Naturellement, ça fit de la peine aux pauvres écloppés. L'un d'eux dit en montrant son visage, où il n'y avait plus de nez : « voilà comme vous reviendrez... si vous revenez. »

Les grenadiers cessèrent de rire et les petits avaient envie de pleurer, surtout Victor. Il y avait bien de quoi.

Que voulez-vous, c'est la guerre !

Mme Hugo disait : Hélas ! hélas ! que feront leurs mères, en les revoyant...

A Burgos, les enfants virent une cathédrale avec mille clochetons, découpés à jour, festonnés dans la pierre. Dans l'intérieur, ils admirèrent une quantité de belles figures qui, dans les vitraux avaient, l'air d'être en vie.

Victor ouvrait de grands yeux pour mieux voir.

Voilà que tout à coup, une porte s'ouvre dans le mur. Un petit homme paraît, frappe trois coups et s'en va.

Ce polichinelle, au milieu de toutes les belles figures de saints, égaya les enfants Mais Victor en fut plus frappé que les autres et depuis, il a souvent mis dans ses livres des espèces de polichinelles au milieu des gens graves.

De la cathédrale, les petits, allèrent voir le tombeau du Cid. Le Cid avait été un des grands hommes de l'Espagne. Il avait chassé autrefois les étrangers de son pays. Ah ! si alors il avait pu sortir de sa tombe ! Mais il n'en pouvait plus sortir. Et les soldats français — croyez vous que c'était beau de leur part ? — les soldats s'étaient amusés à tirer des coups de fusil à cette pauvre tombe qui s'en allait maintenant en poussière.

Vous pensez si les Espagnols étaient contents...

Après s'être un peu arrêtés à Ségovie, où les voyageurs visitèrent l'Alcazar — un palais si léger qu'on dirait les murs en dentelles et les toits en étoffe — ils arrivèrent enfin à Madrid, la capitale de l'Espagne.

Le papa n'était pas là pour les recevoir. Hélas ! il se battait encore, il se battait toujours contre les guérillas.

On conduisit Mme Hugo et ses fils dans un beau palais, le palais Macerano, où on leur avait préparé un appartement superbe.

Partout ce n'était que soie, velours et dorures. On y marchait sur des pavés de marbre blanc ou des tapis épais et doux comme de la mousse. C'était beau, oui, mais plein de puces et de punaises. La maman ne pouvait dormir sur son matelas de satin ; elle regrettait de plus en plus les Feuillantines.

Les enfants avaient, tout de suite, trouvé des compagnons de jeu, avec lesquels il s'amusaient dans les longues galeries du palais, toutes remplies de portraits encadrés d'or.

Là aussi, les garçons eurent une amie, elle s'appelait Pépita.

C'était la fille d'un marquis espagnol. Elle était si mignonne et si petite qu'en jouant à cache-cache, elle se blotissait, parfois, dans un grand vase de Chine, où on ne l'aurait jamais trouvée, si son petit rire de clochette ne l'avait fait découvrir.

Les garçons s'amusaient tant qu'ils pouvaient à Madrid. Le soir, quand il ne faisait pas si chaud, leur maman les menait au Prado, un des jardins publics de la ville ; quelquefois dans le lit du Mançanarez, une rivière où, en été, l'on ne trouve plus même assez d'eau pour boire et qui sert alors de promenade.

Quand la nuit était venue, les petits Hugo couraient sur une des terrasses du palais et là, ils regardaient la comète de 1811, qui emplissait le ciel de sa longue queue d'or.

Les ignorants français disaient que cette comète était venue porter bonheur à Napoléon ; et les ignorants espagnols, à Ferdinand VII. Pauvre gens ! Comme si les comètes savaient qu'il y a des rois sur la terre. Si elle porta bonheur à quelqu'un, cette jolie comète ce fut aux vignerons qui jamais ne firent de meilleur vin que cette année-là.

VII

SÉJOUR A MADRID. LE SÉMINAIRE DES NOBLES.

Dans la **vie, on ne** peut pas s'amuser toujours.

Le papa des petits Hugo revint à Madrid. Après avoir embrassé ses enfants, il dit que les vacances avaient assez duré, et que Victor et Eugène iraient au collège des Nobles. Abel, qui était déjà un grand garçon, devait entrer dans les pages du roi Joseph.

Un matin, on fit monter les deux petits frères dans une voiture et les voilà partis pour le séminaire des Nobles. Leur maman était avec eux. Elle était bien triste.

On arriva devant une grande maison qui avait plutôt l'air d'une prison que d'une école.

Les enfants entrèrent, le cœur serré. Une grosse porte, en se refermant derrière eux, fit un bruit sourd, qui les suivait dans le corridor.

Toutes les fenêtres étaient grillées.

Un moine, maigre comme un clou, jaune comme une vieille chandelle, les attendait dans le parloir. C'était don Bazile, le directeur du séminaire. Ce moine, qui était pourtant un brave homme — ils le comprirent plus tard — commença par les glacer avec sa mine froide et sévère, ses grands yeux noirs, brillant au fond de son capuchon.

La maman causa un peu avec don Bazile et s'en alla, lentement, tristement.

Les pauvres petits s'embrassèrent en pleurant. Ils se sentaient seuls dans cette grande maison. On les présenta à leurs nouveaux camarades ; c'étaient des ducs, des marquis, des chevaliers, des comtes.

Tous ces bambins portaient des épées et se tenaient raides comme des soldats de bois, en examinant des pieds à la tête, les petits *seigneurs* français qui venaient d'arriver.

C'était à mourir de rire.

Les deux Hugo étaient à peu près les plus jeunes élèves du séminaire, mais comme ils aimaient autant l'étude que le jeu, ils se trouvèrent presque les plus savants.

Il ne faut pas demander si les espagnols furent humiliés. Ils en voulaient à mort à ces deux petits, devant lesquels ils paraissaient de grands ignorants, et dont le papa avait battu les leurs, dans presque toutes les batailles, où les deux armées de France et d'Espagne s'étaient rencontrées.

Au souper, les petits français n'eurent pas faim.

On ne les engagea pas à manger.

Ils allèrent se coucher, dans un immense dortoir, éclairé par une lampe qui pendait au plafond.

De la place où ils étaient, cette lampe ressemblait à un ver luisant dans des masses d'ombre. Ils furent longtemps à s'endormir. Ils pleuraient dans leurs lits. C'était bien naturel : on ne quitte pas comme ça ses amis, sa maman, les beaux jardins où l'on est libre comme l'air, pour venir dans une espèce de prison où l'on n'ose même pas parler, où l'on ne connaît personne.

Le matin, ils furent réveillés par un petit homme à figure bizarre, affreusement bossu.

C'était le garçon de dortoir.

Les élèves l'appelaient *Corcova*, ce qui veut dire *bosse* en espagnol.

C'était méchant, n'est-ce pas, pour ce pauvre malheureux ! et pourtant, Victor, qui était déjà si juste et si bon, fit comme les autres, il se moqua du bossu et l'appela par son cruel surnom.

Voilà ce que c'est, quand on est petit, on fait ce qu'on voit faire sans réfléchir si c'est bien ou mal.

Victor se repentit, plus tard, d'avoir été méchant avec *Corcova*. Pour cela, il a fait des histoires où les bossus sont très-intéressants ; des bossus qu'on aime et que tout le monde plaint. Mais Corcova n'en a jamais rien su.

Le mal est difficile à réparer.

L'Espagne était pleine de troubles. On y haïssait de plus en plus les Français. A l'école c'était comme partout : tout le monde se disputait, on se battait même quelquefois. Les uns étaient pour Joseph Bonaparte, les autres pour Ferdinand.

Les petits Hugo, qui étaient les plus forts dans les études, n'étaient pas les plus forts dans les batailles. Ils étaient si jeunes.

Un jour, le pauvre Eugène eut la joue percée d'un coup de ciseau. On voulut renvoyer M. de Belvérana, un des petits ducs de l'école, qui avait fait ce chef-d'œuvre, mais Eugène, qui était plein de générosité, demanda sa grâce et l'obtint.

Madame Hugo s'ennuyait de plus en plus en Espagne, où, à chaque instant, tous les français pouvaient être massacrés. Elle revint à Paris avec Eugène et Victor.

Abel restait avec son père, pour servir le roi Joseph, dont il était le petit page favori.

VIII

RETOUR EN FRANCE.

Quel bonheur de se retrouver aux Feuillantines, avec le bon M. Larivière, de revoir le grand jardin, de suspendre la balançoire entre les marronniers, d'embras-
ser Mlle Adèle, devenue une petite personne, qui ne voulait plus être voiturée
dans la brouette. Ce fut un charme.

Dans ce temps-là, des amis de Madame

Hugo lui dirent quelle ne faisait pas bien de garder ses garçons à la maison ; que, pour eux, il vaudrait mieux être au collège, comme tous les autres enfants de leur condition.

La maman n'était pas trop de cet avis. Elle aimait bien à voir ses chers petits, heureux autour d'elle.

Enfin, elle laissa venir le principal du collège Saint-Louis pour parler de cette grave affaire.

Ce principal était un « homme chauve et noir » qui fit peur aux enfants, surtout à Victor, qui s'était trouvé très-malheureux au collège des Nobles. Il supplia sa mère de ne pas les éloigner d'elle encore une fois ; de les laisser dans leur beau jardin avec le « doux maître » Il était bien assez savant pour les aider à apprendre tout ce qu'il faut étudier dans les livres.

Eugène pleura, toutes les larmes de ses yeux. La pauvre maman ne savait que faire, pour bien faire.

Victor raconte qu'elle alla consulter les choses du jardin, et que ces choses lui conseillèrent de garder le petit poète, en lui promettant d'aider à faire son éducation.

Tous ces vieux murs croulants, toutes ces jeunes roses
Tous ces objets pensifs, toutes ces douces choses
Parlèrent à ma mère, avec l'onde et le vent
Et lui dirent tout bas, laisse-nous cet enfant.

. . . .

Ainsi que les oiseaux, les enfants ont leurs peurs,
Laisse à notre air limpide, à nos moites vapeurs,
A nos soupirs légers, comme l'aile d'un songe ;
Cette bouche où jamais n'a passé le mensonge,
Ce sourire naïf, que sa candeur défend ;
O mère, au cœur profond ; laisse-nous cet enfant
Nous ne lui donnerons que de bonnes pensées...

. . . .

Vous le voyez, mes petits amis, les poètes disent toutes sortes de belles choses
impossibles.

Plus tard, vous saurez pourquoi.

La maman ne consulta certainement
pas des êtres qui ne pouvaient lui répondre. Elle consulta son propre cœur qui
lui défendait de se séparer de ses enfants.
Il ne fut plus question de se quitter.

On se remit au jeu, à l'étude aussi. On
s'occupa beaucoup de ce qui se passait
chez les Grecs et chez les Romains, il y a
quelque mille ans, et l'on ne pensa plus à
ce qui se passait en France.

Et pourtant, il en arrivait des choses
extraordinaires. L'empereur Napoléon
était revenu de Russie, où il avait laissé,
morts sous la neige, des milliers et des
milliers de jeunes soldats. On ne voyait
plus que des gens habillés de noir, dans

les rues. Tant de pauvres mères avaient perdu leurs enfants !...

Pendant qu'ils étaient encore aux Feuillantines, Victor et Eugène firent la connaissance d'un collégien, ami de Victor Foucher, qui s'appelait Edouard Delon.

Quoiqu'il fût déjà bien grand, puisqu'il était déjà à l'école polytechnique, cet Edouard jouait aux soldats de tout son cœur et faisait toutes sortes de drôleries qui amusaient bien ses jeunes camarades. Il grimpait aux murs et aux arbres, comme un chat, faisait la roue sur le gazon, comme un vrai baladin, et surtout, racontait, quand on était fatigué, des contes à n'en plus finir.

Souvent toute la bande, assise autour d'Edouard Delon, dans le puisard, l'écoutait, bouche béante.

6

On ne se mouchait pas, dans la crainte de perdre un mot.

C'est qu'elles allaient leur train, les histoires merveilleuses des chevaliers qui coupent une montagne en deux, d'un coup de sabre ; des génies qui bâtissent des châteaux de marbre, en soufflant sur des tas de neige. Et les princesses, belles comme le jour, dans les souterrains, où les braves vont les délivrer, à travers des serpents d'une lieue de long !

Ho ! comme toutes ces imaginations d'Edouard amusaient Victor, et comme il aimait son grand ami !

C'est que les poètes se plaisent aux choses impossibles qui n'existent que dans l'imagination.

Victor était déjà poète.

Vous voyez qu'on était bien heureux aux Feuillantines. Hélas ! il fallut les quitter. La ville de Paris, pour faire la rue d'Ulm, eut besoin d'un morceau du grand jardin et Mme Hugo déménagea. Elle vint demeurer rue du Cherche-Midi, dans un viel hôtel, près de ses amis, les Foucher qui habitaient le palais des conseils de guerre.

Le roi Joseph allait bientôt perdre son trône. Le général Hugo quitta Madrid.

Tous les princes, qui avaient fait semblant d'être les amis de l'Empereur, commencèrent à se tourner contre lui. Il n'était plus heureux; il cessait d'être puissant.

Toutes les nations de l'Europe se levèrent alors contre Napoléon. L'Espagne, comme vous le pensez bien, ne fut pas la dernière. L'empereur fut vaincu et, comme c'est arrivé il n'y a pas bien longtemps, sous le dernier Napoléon, les Allemands, les Anglais, les Russes entrèrent à Paris. Ils amenaient avec eux un vieux prince français, le comte de Provence dont ils firent un roi qui remplaça Napoléon Ier.

Tout ça fut bien triste pour le pays. Beaucoup de gens s'en affligeaient. Le papa des petits Hugo était de ceux-là ; mais leur maman était pour le nouveau roi. Elle était contente de voir Bonaparte tombé. Eugène et Victor furent du parti de leur maman.

Le général se fâcha alors un peu avec sa femme. Et quand Napoléon arriva de l'île d'Elbe, où on l'avait relégué et que les bonapartistes redevinrent, pour quelque temps, les maîtres de la France, M. Hugo vint un soir à l'hôtel de la rue du Cherche-Midi, et emmena ses garçons pour les mettre dans une école, où ils devaient terminer leurs études.

La mère et les enfants eurent bien du chagrin de se séparer. Mais il le fallut. Le général voulait faire d'eux des soldats.

Heureusement, Napoléon fut une seconde fois chassé de la France, après avoir attiré sur elle les plus grands malheurs, et les petits Hugo, purent devenir des hommes de paix.

C'était une triste maison, qu'on avait essayé d'égayer un peu en peignant sur ses murs, dans la cour, des arbres remplis de fruits.

Les petits Hugo y furent d'abord presqu'aussi malheureux qu'au collége des Nobles: Ils s'étaient si bien habitués à la liberté, qu'ils ne pouvaient plus souffrir d'être renfermés.

Rue du Cherche-Midi, ils avaient organisé un beau théâtre de marionnettes, pour lequel Victor avait déjà composé de petites pièces, qui n'étaient pas mal du tout. Pour les distraire, Madame Hugo apporta à ses enfants ce petit théâtre avec lequel ils pouvaient s'amuser, pendant les récréations.

Victor pensa que ce serait bien mieux si les marionnettes étaient en vie. Il proposa à ses camarades de jouer la comédie pour *de vrai*, ce qui fut accepté avec des cris de joie.

On organisa le théâtre dans la grande classe. Avec du papier de couleur et du papier doré on se fit des costumes superbes.

Victor écrivit une *vraie pièce* militaire qui eut le plus grand succès et plus de 30 représentations.

Bientôt, les Hugo parurent à leurs camarades des enfants tellement supérieurs, ils étaient si aimés que, dans ce temps où l'on avait tant entendu parler de gens qui devenaient rois et reines, les écoliers de la pension Cordier et Decotte se partagèrent en deux parties, dont l'une fut le royaume des *Veaux* et l'autre le royaume des *Chiens*.

Victor fut élu roi des Chiens, Eugène, roi des Veaux.

Les deux rois vécurent en bonne intelligence, sauf quelques petites guerres, où, après les batailles. les morts avaient aussi bon appétit que les survivants. Dans ces nouveaux royaumes les impôts se payaient, en *nature*; c'est-à-dire, en toupies, en billes, en gâteaux, en images. Les princes n'en gardaient rien pour eux. Ils distribuaient tout ce qu'ils recevaient aux indigents de leurs royaumes, c'est-à-dire à ceux qui manquaient de joujoux et de fri-

andises. Presque tout le monde était dé-
coré dans leurs états. Jugez donc si de tels
rois étaient aimés !

Les études allaient mieux encore que
les jeux, si bien qu'à 15 ans Victor con-
courut avec des poètes, qui déjà étaient
des hommes et gagna un des prix de l'Aca-
démie Fraçaise.

A 15 ans ! Les académiciens ne voulaient pas le croire.

Quand on annonça à Victor cette grande
nouvelle, il venait, à la tête de ses *Chiens*
de remporter une victoire éclatante sur les
Veaux dans une belle partie de barres.

Tous les élèves reçurent congé pour cé-
lébrer ce beau jour.

Victor commença à être célèbre.

Eugène mourut jeune. C'était un grand
poète.

Abel fut historien et journaliste. Il n'y a pas longtemps qu'il est mort.

Victor est devenu le premier homme du monde. Il a écrit des livres admirables pour corriger les hommes et les porter à la vertu. Il a souffert pour la justice. Mais dans toutes les positions, il a toujours été le modèle des citoyens.

Aujourd'hui c'est un beau vieillard à cheveux blancs, qui aime bien les abandonnés, les persécutés, les déshérités, les pauvres, les petits. C'est lui qui parle pour eux dans les Assemblées de la nation. Et quand il parle, on écoute sur toute la terre.

Victor Hugo.

HENRI REGNAULT

—

I

Il y avait une fois, un papa et une maman qui étaient bien heureux. Ils avaient un peu de fortune, une bonne place et quatre jolis petits enfants, tous sages et bien appliqués.

Ce papa et cette maman étaient monsieur et madame Regnault. Ils demeuraient à Paris, au collège de France où le papa était professeur de chimie. Il va sans dire que ces braves gens fort aimables de leur nature, avaient des amis, dont ils étaient très-aimés, et qu'ils menaient une vie paisible, remplie par le travail et toutes les bonnes choses de l'amitié.

La maman était la fille d'Alexandre Duval — un écrivain qui a fait beaucoup de pièces de théâtre. — Elle était brune, très-jolie, mais toute petite et un peu bossue. C'était bien la meilleure maman qu'on puisse imaginer. Elle était si aimable que tous ceux qui la connaissaient — même les méchants — l'aimaient sans pouvoir s'en empêcher. Avec cela, elle était si instruite que ses enfants apprenaient une foule de choses, rien qu'à l'écouter parler.

Parmi les amis de monsieur et de madame Regrault, il y avait un peintre qui venait dîner avec eux, deux ou trois fois par semaine. Il s'apppelait — il s'appelle encore, car il vit toujours — il s'appelait monsieur Montfort. Tous les enfants de monsieur et madame Regnault l'aimaient beaucoup. Mais, il y en avait un qui l'aimait encore plus que les autres, c'était Henri.

Un soir — en 1849, pendant la seconde république — madame Regnault, avait déjà couché ses plus jeunes enfants : Alice et Eugène et elle tricotait à côté du feu, tandis que ses deux aînés s'occupaient l'un à écrire, l'autre à dessiner, sous la lumière d'une grosse lampe, garnie d'un bel abat-jour de porcelaine peint de fleurs et d'oiseaux de toutes les couleurs.

Monsieur Montfort était aussi là, il lisait le journal, tout en jetant des coups d'œil sur le travail de l'un des enfants.

Dehors, il tombait de la neige. On n'entendait pas le bruit des voitures et il se faisait un grand silence dans la chambre.

Une horloge sonna lentement : Tin ! Tin ! Tin ! « Ecoute, » dit la maman, « écoute, mon petit Henri, voilà dix heures, il est temps d'aller te coucher. »

Henri leva sa tête frisée et regarda sa mère d'un air suppliant. C'était un joli petit garçon, un peu chétif, le teint pâle avec de grands yeux bleu foncé et des cheveux bruns. « Encore une minute, » dit-il, « encore une minute, je t'en prie, ma petite maman ; j'ai fini tout de suite. »

« Impossible, » reprit madame Regnault « impossible, te voilà blanc comme un linge. Tous les enfants dorment déjà, dans Paris et... »

HENRI.

— Non, pas tous, puisque Léon travaille encore.

LA MAMAN.

— Mais, petit raisonneur, tu as six ans et ton frère en a neuf. Léon doit faire des thèmes, c'est déjà un grand écolier : il apprend le latin, tandis que toi...

HENRI.

— Moi, je l'apprendrai bien aussi, le latin, et l'histoire, et la musique, et tout ce que les autres savent. Mais ce soir, je veux dessiner encore un petit moment ; je fais une image, une belle image, regarde, maman, regarde ! C'est mon bon ami, M. Montfort qui m'a dit de la faire.

LA MAMAN.

— Et qu'est-ce qu'elle représente, ton image ?

HENRI.

— Elle représente un peu d'une histoire que tu m'as racontée, tu sais, maman, Joseph ! Joseph, ce pauvre petit que ses frères ont vendu, il y a bien longtemps, bien longtemps, dans un pays très-loin du nôtre où le ciel est toujours si bleu, où il y a tant de chameaux et de girafes. Ho ! que j'aimerais à aller dans ce pays, moi.

LA MAMAN.

— Et pourquoi faire ?

HENRI.

— Pour voir.

LA MAMAN.

— Pour voir quoi ?

HENRI.

— Tout. Et après, dessiner avec des couleurs ce que j'aurais vu. Ho ! n'est-ce pas, mon bon ami, j'irai en Afrique et vous viendrez avec moi.

« Alors, » répondit en souriant monsieur Montfort, « je dois laisser mon atelier, mes élèves pour te suivre et me faire avec, toi, manger par les lions ou étouffer par les boas ? »

— « Et bien ! j'irai tout seul » fit Henri d'un air offensé et résolu.

— « Tout seul ? Ho ! par exemple ! » s'écria Léon qui venait de terminer ses devoirs «non, c'est moi qui te suivrai, partout, je ne veux pas que tu ailles seul ; tu es trop imprudent, il t'arriverait malheur. N'est-ce pas, maman, je suis l'aîné, c'est à moi de le défendre ? »

— « Bon, bon, » dit la maman, « nous n'en sommes pas là et Henri n'est pas encore près de s'embarquer. Avant que cela arrive, il sonnera encore bien des heures à la vieille horloge du collége de France. Pour le moment, il est question d'aller se coucher. »

HENRI.

— Oh! toujours se coucher, se lever! que c'est ennuyeux. Chère maman ! toi qui es si bonne, trop bonne même, tu ne peux pas me refuser de me laisser finir mon image. Tiens, regarde, Léon, n'est-ce pas que c'est assez bien ?

LÉON.

Mais, c'est superbe! monsieur Montfort,

maman, venez voir ! Ha ! l'on reconnaît bien tous les personnages.

La maman s'approcha de la table et, après avoir vu le dessin du petit Henri, elle et le peintre se regardèrent sans rien dire. Et puis la maman mit sa main sur ses yeux. Elle pleurait. Elle pleurait de joie ! Pauvre bonne maman !

Léon, transporté d'admiration, criait : « mais voyez donc, voyez donc ! Voilà le petit Joseph, sur le devant. Comme il est triste ! On voit bien qu'il va être vendu et vendu par ses frères ! Oh ! les lâches ! Quelles mauvaises figures ! ce Judas, a-t-il une tête, avec sa grande barbe et ses yeux de charbon ! Et les Ismaélites, ce sont bien des marchands, ceux-là. Ont-ils l'air indifférent ! Ça leur est bien égal le désespoir du pauvre Joseph, pourvu qu'ils fassent une bonne affaire. »

« Eh ! mais, « reprit Léon qui venait de s'arrêter subitement, « il aurait fallu mettre les Ismaélites sur des chameaux et non pas, sur des chevaux. Et puis ils ont des pipes ha ! ha ! Des pipes !... ha ! ha ! ha ! ha ! ah ! des pipes ! »

« Et pourquoi pas des pipes ?,» demanda Henri tout en colère. J'ai vu des Arabes, moi, ils fumaient.

LÉON.

— Des Arabes, oui, mais des Ismaélites, jamais.

HENRI.

— Mais puisque monsieur Montfort m'a dit que je pouvais leur faire les mêmes habits, je peux aussi les représenter avec des pipes.

— « Non, cher petit, non, » répondit le peintre « non, car au temps de Joseph, on ne connaissait pas encore le tabac, ou du moins, on n'en faisait usage ni pour le priser ni pour le fumer. Ainsi tu vois bien que ton frère a raison : les pipes sont de trop. Et c'est bien dommage, car, ta composition n'est pas mal du tout, et tu peux tout de même, la montrer à ton papa.

Il ajouta tout bas, en se penchant vers la maman : « C'est égal, sans les pipes, on ne croirait jamais que c'est un enfant de six ans qui a fait ça. Ce petit est véritablement extraordinaire ! extraordinaire ! »

La pâle figure d'Henri était devenue toute rose. Il se leva, froissant dans ses mains le dessin qu'il venait de terminer, et le jeta au feu. Un instant, il le regarda flamber au-dessus des bûches et quand ce ne fut plus qu'un peu de cendre noire.

Il dit : « Allez, j'en ferai bien d'autres où il n'y aura rien de ridicule, vous verrez !

Alors, je les montrerai à mon papa. »

Après avoir souhaité une bonne nuit à M. Montfort, les deux garçons suivirent leur maman et allèrent se coucher.

A peine Léon était-il dans son lit, qu'il s'endormit paisiblement tandis qu'Henri tout agité, ne faisait que se tourner et se retourner. L'affaire des pipes le tourmentait, car il avait beaucoup d'amour-propre. Sa maman un peu inquiète — car il était souvent malade à force de s'appliquer au dessin, — sa maman s'assit auprès de lui et pour tâcher de l'endormir, commença à lui raconter une histoire.

II

« Il y avait une fois, » dit Madame Regnault, « il y avait une fois, un petit garçon qui était roi de France. »

« J'aurais bien voulu être à sa place, » dit Henri en se soulevant sur son oreiller pour mieux entendre. « Ça doit être bien gentil d'être un petit roi. »

« Attends un peu, » reprit la maman « et, peut-être, tu verras que ce n'est pas toujours si agréable que tu penses. »

Elle continua :

« Ce petit roi s'appelait François II. Il n'avait plus de père, on l'avait tué (son père). Mais, en revanche, sa mère était la plus méchante femme du royaume. Elle avait trois filles, dont elle ne s'occupait pas et quatre garçons, qu'elle élevait aussi mal que possible, afin qu'ils fussent bien méchants, bien vicieux — ce qui rend les hommes faibles — et que toujours, en flattant leurs défauts et leurs vices, elle pût être leur maîtresse et gouverner la France sous leurs noms. »

« Quelle mauvaise mère ! » dit Henri scandalisé, « si javais été son fils, moi, je ne lui aurais pas obéi. »

« Le pauvre petit Francois était bien obligé de lui obéir, » reprit madame Regnault, « car il était presque toujours malade et, comme on savait qu'il ne vivrait pas longtemps, personne ne songeait à lui faire sa cour. Les seigneurs étaient tous empressés auprès de la mauvaise reine, Catherine de Médicis qui pouvait donner des places ; aucun ne songeait à François II. Les membres de sa famille ne venaient même pas le visiter, excepté son frère Charles qui devait être roi après lui. Celui-là venait bien, de temps en temps, pour voir si le roi ne serait pas bientôt mort. Les autres : Claude, Elisabeth, Margot, Henri et le petit duc d'Anjou ne s'occupaient pas plus de lui que s'il avait déjà été dans les

tombeaux de Saint-Denis, où l'on enter-
rait les rois. Ils ne songeaient qu'à s'amuser
et leur mère les menait, quelquefois, voir
brûler des protestants, ce qui les faisait
bien rire.

« Mais tous ces gens étaient donc des
monstres ? » demanda Henri.

« Non, » répondit la maman, c'étaient
des reines, des princes et des princesses.
C'était leur position qui les avait faits
comme ça. Dans ce temps-là, ces gens s'i-
maginaient qu'ils avaient le droit de tout
faire et, par lâcheté ou par intérêt, ceux
qui les entouraient le leur laissaient
croire. De sorte que la mère du petit François ne cessait pas de faire des crimes,
et elle faisait assassiner tous ceux qui
voulaient s'opposer à ses mauvais desseins.

« Oh ! la coquine ! » dit encore Henri,

« la coquine! » Si j'avais été là, moi, je lui aurais parlé et mon papa lui aurait coupé la tête, avec son grand sabre de garde national, si elle avait voulu me faire quelque chose. »

La maman ne put s'empêcher de rire.

« Allons, » reprit-elle, « si tu m'interromps toujours, tu ne vas pas savoir un mot de mon histoire, écoute un peu, ça a quelque rapport avec tes pipes. »

Henri dressa l'oreille et la maman poursuivit : « Parmi les seigneurs de la cour, il y en avait un qui aimait beaucoup le petit roi : c'était Messire Jéhan Nicot. Un brave homme, très-savant, qui avait fait un dictionnaire français, le premier que nous ayons eu. »

« Messire Jéhan Nicot aurait bien voulu guérir le pauvre roi et lui apprendre à gouverner. Quelquefois, le soir, quand toute la cour était en fête, et qu'il y avait bal masqué chez la reine Catherine de Médicis ; que le petit François, seul dans sa grande chambre, frissonnait sous ses habits de velours brodés d'or, le bon seigneur venait lui tenir compagnie. Tout en lui racontant une foule de belles histoires, — ayant beaucoup voyagé, il en savait, à n'en plus finir, des histoires, Messire Jéhan Nicot faisait entendre au roi qu'il devait se défier de sa mère et ne pas signer tout ce qu'elle voulait. Hélas ! souvent le pauvre petit avait signé sans le savoir, des arrêts de mort. Horreur ! Sans le savoir il avait fait couper des têtes d'hommes et couler des tonneaux de sang ! »

« Oh ! le malheureux ! » fit Henri en s'enfonçant sous ses couvertures tout frissonnant de peur. « Oh ! le malheureux, c'est moi qui n'aurais pas voulu être à sa place! »

LA MAMAN.

Je le crois bien, et cependant, tout à l'heure, tu disais le contraire.

HENRI.

— C'est que je ne savais pas tout...

LA MAMAN.

— Il ne faut jamais envier le sort de personne, mais surtout de ceux qu'on ne connaît pas bien.

HENRI.

— Tu as raison, maman, mais finis-moi l'histoire.

LA MAMAN.

Catherine de Médicis sut bientôt que

Jéhan Nicot, seigneur de Villemain, donnait de bons conseils au petit roi et aussitôt
elle l'envoya en ambassade bien loin, bien
loin en Portugal, espérant qu'il y mour-
rait de la peste.

HENRI.

— Et il y alla ?

LA MAMAN.

— Bien sûr. Il ne pouvait refuser
d'obéir à la reine qui était régente, c'est-à-
dire maîtresse du royaume. Sans ça, elle
aurait bien trouvé le moyen de lui faire
couper la tête. Elle était si vindicative !

HENRI.

— Qu'est-ce que c'est vindicative ?

LA MAMAN.

— Les gens vindicatifs sont ceux qui ne
pardonnent pas, quand on les a offensés.

Catherine de Médicis ne pardonnait jamais, non seulement à ceux qui l'avaient offensée, mais encore à ceux qui s'opposaient à ses desseins.

HENRI.

— Quelle mauvaise femme !

LA MAMAN.

— Messire Jéhan Nicot alla donc en Portugal et l'an 1560, il envoya en France une plante qu'on appela d'abord l'herbe de la reine. Une jolie plante avec des fleurs blanches et roses, toutes mignonnes. C'était le tabac.

Messire Jéhan Nicot croyait cette plante bonne pour guérir les plaies et il l'envoyait à son petit ami, le roi de France qui était tout scrofuleux, tout couvert de dartres vives.

Quand le remède arriva, le petit roi était

mort, et Charles, son méchant frère, était déjà à sa place. Marie Stuart sa petite femme, s'en retournait en Ecosse, son pays. Et personne ne pensait plus au pauvre François.

On cultiva le tabac dans les serres des jardins de la reine Catherine et, longtemps, on l'employa dans la médecine. Ce ne fut que bien plus tard, qu'on eut la malheureuse idée de priser et de fumer les feuilles de la *nicotine*, — ou tabac — qui est une solanée dont on tire un poison violent et...»

« Allons, il dort, » dit la maman. «L'histoire a produit son effet, tout de même » et après avoir baisé au front son cher petit Henri, bordé Léon dans son lit et les autres dans leurs berceaux, elle, s'éloigna sur la pointe du pied.

III

Le petit Henri Regnault était vraiment un enfant extraordinaire. Il voulait être peintre, il sentait bien qu'il le deviendrait et volontiers, il aurait passé sa vie à dessiner. Mais, depuis l'affaire des pipes, il se disait que pour être un bon peintre, il faut savoir beaucoup, c'est-à-dire beaucoup apprendre.

Henri s'était donc mis à étudier avec une grande ardeur. Il voulait tout savoir et il ne dessinait plus que trois fois la semaine avec M. Montfort. Maintenant, il étudiait, il lisait à n'en plus finir ; si bien que, tous les soirs, c'était une vraie comédie pour l'envoyer coucher. Car, lorsqu'il croyait avoir raison, il s'entêtait comme une mule et ne voulait jamais céder. Enfin, que voulez-vous, il y en a bien d'autres qui s'obstinent et pour de plus mauvaises choses, n'est-ce pas?

C'est ce que se disait madame Regnault, quoiqu'elle fût bien fatiguée des résistances d'Henri et bien inquiète de le voir de plus en plus pâle, de plus en plus chétif.

Le papa, très-occupé des grandes recherches qu'il faisait sur la chimie, laissait à sa femme le gouvernement des enfants.

Pauvre petite mère! Elle aurait donné son sang pour voir tous ses enfants en bonne santé. Elle disait quelquefois à Henri :

— Tu ne veux pas me croire, tu tomberas malade tout à fait, si tu continues à te coucher tard, à ne pas faire plus d'exercice, à ne pas vouloir sortir.

HENRI.

— Mais, maman, est-ce que je ne vais

pas tous les jours au Jardin des Plantes?

LA MAMAN.

— Oui, mais quand tu y es, au lieu de jouer à la balle, au cerceau comme les autres enfants, tu t'assieds sur une chaise et tu dessines des animaux.

HENRI.

— Ha! ma petite mère, c'est si bon de dessiner.

LA MAMAN.

— Je le crois bien. Mais tu verras, tu verras, si tu ne veux pas m'écouter, ta tête deviendra grosse comme un boisseau, puisque tu n'exerces qu'elle, et ton corps restera tout petit; tu seras un être grotesque: peut-être un bossu, comme moi. Car, lorsque j'étais jeune, je ne voulais non plus faire autre chose que d'être assise à la maison, m'occupant tout le jour à broder, à coudre et à lire ; quand j'ai compris que ça ne vaut rien de ne pas exercer tous ses membres, c'était trop tard, j'étais...

HENRI.

— Oh ! non, non ! chère maman, tu n'es pas... on ne voit pas... et d'ailleurs, si j'étais bossu, j'en serais bien aise, moi.

LA MAMAN.

— Pourquoi, mon petit, pourquoi ?

HENRI.

— Pour mieux te ressembler.

LA MAMAN.

— Tu vois bien que je le suis... Et si ça t'arrivait, je mourrais de douleur ! Oh !

être bossu ! tu ne sais pas ce que c'est. Ce n'est pas seulement être difforme, c'est avoir encore une mauvaise santé. Or, vois-tu, mon chéri, celui qui se porte mal ne peut, ordinairement, ni travailler comme il faut, ni faire tout le bien qu'il pourrait. »

Henri fut très-frappé de ce raisonnement de sa mère et il se promit d'obéir en tout, à cette bonne mère. Mais, comme je ne cesserai jamais de vous le répéter, mes petits lecteurs, la Nature est impitoyable. Elle veut qu'on travaille ni trop, ni trop peu ; qu'on se couche de bonne heure et qu'on se lève tôt, surtout quand on est jeune. Tant pis pour ceux qui lui déso-béissent, à la grande mère Nature. Ce n'est pas une maman gâteau, je vous en ré-ponds.

Henri devint malade, gravement ma-lade. Il dut rester au lit des ours et des jours, à souffrir, à ne rien pouvoir faire du tout. Il fallut même tous les bons soins, tout le dévouement de sa mère pour l'empêcher de mourir.

Elle passa tant et tant de nuits à le veiller, elle se fatigua tellement, la chère petite femme que, lorsque son fils fut guéri c'est elle qui tomba malade.

Naturellement, quand la maman n'est pas sur pieds pour veiller à tout, ça va mal à la maison. Léon quitta provisoirement le collége pour soigner sa mère. Il ne pouvait plus étudier, tant il était inquiet, et comme de juste, il eut beaucoup moins de prix à la fin de l'année qu'il n'en aurait eu, s'il n'avait pas manqué à la classe. Le petit Eugène faillit se casser les reins en roulant un escalier. Heureusement, il en fut quitte pour quelques écorchures et deux ou trois grosses bosses au front. La petite

Alice se brûla la main, en touchant, à un fer à repasser, pendant que la bonne allait ouvrir la porte. La pauvre petite souffrit, cruellement, durant plusieurs jours. Et sa maman l'entendait pleurer sans pouvoir la consoler.

Henri, qui sentait bien que son obstination avait été la cause de tous ces accidents, Henri était bien triste en voyant tout sens dessus dessous autour de lui. Il comprit, alors, que les mamans savent mieux ce qui convient à leurs enfants qu'eux-mêmes et, il se jura ne plus donner, volontairement, la moindre peine à sa mère et de lui obéir en toutes choses.

Il le fit et s'en trouva à merveille. Il alla d'abord à la gymnastique pour être agréable à sa mère; ensuite il y prit goût et bientôt, il se porta parfaitement : et comme la bonne santé amène la bonne humeur, en devenant plus robuste, il devint gai comme un pinson, et si aimable, que sa sœur, ses frères, ses camarades ne pouvaient se lasser d'être avec lui, et chacun vantait son caractère.

Il va sans dire, que ses études marchaient à ravir : tout en crayonnant, il étudiait tout ce qu'un homme doit savoir. L'histoire ancienne le charmait si fort, qu'à l'âge de 11 ans — voudrez-vous le croire, mes petits amis ? — à l'âge de 11 ans, il composa deux dessins d'un mètre et demi, représentant les deux principales batailles d'Alexandre-le-Grand : la bataille d'Issus et la bataille d'Arbelles, gagnées, toutes deux sur Darius Codoman au troisième siècle avant Jésus-Christ. Ha ! il n'y avait pas de faute dans ces deux compositions-là. M. Regnault les photographia, lui-même, pour en envoyer un exemplaire à chacun de ses amis.

Dès lors, les peintres du temps regardèrent le petit Henri Regnault comme un prodige et chacun pensa qu'il serait un jour, le plus grand peintre du monde. On ne se trompait pas, il l'aurait été, sans la guerre !

Après avoir fait les meilleures études, Henri Regnault, s'étant occupé exclusivement de peinture, avait déjà fait des chefs-d'œuvre quand arriva la grande guerre de 1870, dont le dernier Napoléon fut la cause.

Henri Regnault, qui aimait de tout son cœur notre cher pays, se fit soldat pour le défendre. Il fut tué par les Prussiens, le 21 octobre 1871.

Il avait 27 ans !

Ses camarades lui ont fait élever un monument à l'école des Beaux-Arts. Mais la véritable tombe de ce jeune héros, c'est le cœur de la France qui gardera de lui un impérissable souvenir.

FIN

Regnault, peintre.

TABLE DES MATIÈRES

FIN DE LA TABLE.

Imprimerie de Destenay. — Saint-Amand (Cher).